Die Sonne lacht den Himmel blau

Gute-Laune-Wünsche für Schlechtwettertage

Ausgewählt und zusammengestellt
von Ilka Osenberg-van Vugt

Gestaltet und illustriert
von Monika Pellkofer-Grießhammer

Überall ist Wunderland.
Überall ist Leben.

Joachim Ringelnatz

Neulich spazierte ich durch die Straßen unserer Stadt. Ich brauchte dringend frische Luft, denn an diesem Tag schien ich nicht vom Glück gesegnet zu sein. Der Handwerker hatte mich sitzen lassen, ich kam zu spät ins Büro und verpasste daraufhin einen wichtigen Termin. Ich hoffte, mit ein wenig Sauerstoff meine Schlechtwettergedanken, die mittlerweile aufgezogen waren, zu vertreiben. Plötzlich musste ich an meine Nichte denken, die es schafft, in jedem Fleckchen Erde eine Wunderwelt voller Marienkäfer, Feen und Schmetterlingen zu entdecken. Wie weise von einem kleinen Mädchen, sich nur auf das zu konzentrieren, was wirklich Freude bereitet: Sie macht sich die Welt, wie sie ihr gefällt.
Die Erinnerung an ihr fröhliches Gesicht, umrahmt von den schwarzen Wuschellocken ließ mich plötzlich lächeln. In dem Moment begegnet mir eine Frau. Unsere Blicke treffen sich. Auch sie lächelt. Meine Schlechtwettergedanken sind wie weggeblasen, denn mit diesem Geschenk lachte sie meinen Himmel wieder blau.
Mögen die hier ausgewählten Gedanken und Geschichten wie dieses Lächeln sein und Ihnen einen gut gelaunten Tag schenken.

Ilka Osenberg-van Vugt

MORGENWONNE

Ich bin so knallvergnügt erwacht.
Ich klatsche meine Hüften.
Das Wasser lockt. Die Seife lacht.
Es dürstet mich nach Lüften.

Ein schmuckes Laken macht einen Knicks
Und gratuliert mir zum Baden.
Zwei schwarze Schuhe in blankem Wichs
Betiteln mich „Euer Gnaden".

Aus meiner tiefsten Seele zieht
Mit Nasenflügelbeben
Ein ungeheurer Appetit
Nach Frühstück und nach Leben.

Joachim Ringelnatz

URLAUBSMORGEN

endlich ausgeschlafen
die großen Zehen
mutig in den blauen Tag
halten
noch fröstelnd
doch im Gesicht schon
ein Sonnenlachen
und ein Meereswellenlied
im Herzen

Cornelia Elke Schray

EIN TAG WIE BISKUIT

Ein Tag wie Biskuit,
ich hab Appetit!
Das Spiegelbild murrt,
der Schweinehund knurrt,
ich hör einfach weg,
leugne Hüftgold und Speck.
Die sind heut nicht dran,
denn ehrlich, ich kann
es heute nicht bringen,
mich selbst zu bezwingen.

Ab morgen, gewiss doch,
da wird's mir gelingen!

Angelika Wolff

EIN GUTER TAG!

Den Wecker zum Schweigen gebracht,
mit beiden Füßen zugleich die Pantoffeln gefunden,
das eigene Spiegelbild zerzaust, aber lächelnd gegrüßt,
im Kopf eine Melodie, genügend Zeit
und Appetit auf ein Frühstück,
eine überschaubare Tasche voller Pläne,
das Sorgenkonto ausgeglichen, das Freudenkonto im Plus,
Schönwettergedanken unabhängig von der Jahreszeit,
die Gesundheit, Kraft- und Mut-Pegel passabel,
Verschnaufpausen zum Ausruhen, Innehalten und Staunen,
achtsames Miteinander, das trägt und beschwingt,
ein Feierabend, der seinem Namen Ehre macht,
dankbar auf den Tag zurückblicken und schließlich
leicht in den Schlaf finden!
Ein guter Tag! Was für ein Segen!

Angelika Wolff

Gute Laune ist wie ein perfektes Kleidungsstück. Sie lässt sich zu allem tragen.

Coco Chanel

FESTE FEIERN

Manchmal
das Fest des Lebens
ganz betont feiern
mit kleinen Gesten
die weit hinausweisen
über den Alltag
und die Werktagsseele
in Festgewänder kleiden
einen Schalter umlegen
und den Trott unterbrechen
ganz bewusst hier und jetzt sein
noch mehr als sonst
zärtlich sein zu mir selbst
mir kleine Außergewöhnlichkeiten gönnen
die Tasse Kaffee im Speisewagen
der Blick aus dem Panoramafenster
oder ganz einfach
ein paar Augenblicke
frei von jedem Tun
nur für mich selbst
weil ich kostbar geschaffen bin
und aller Liebe wert.

Maria Sassin

DIE WELT VERÄNDERN

heute
werde ich mir kein Bein ausreißen
nicht die Haare raufen
ich werde keiner Laus erlauben
mir über die Leber zu laufen

heute
werde ich jedem die Butter
von meinem Brot anbieten
und niemandem mit dem
Zaunpfahl winken

heute
würde ich gerne
wenigstens ein bisschen
so wie es geht
mit kleinen Schritten

die Welt verändern

Cornelia Elke Schray

KLEINES GLÜCK

einfach loslaufen
sich finden lassen
von einem Schmetterling
Du sagen zu einer Wolke
über die Schönheit
von Grashalmen nachdenken
Luftküsse verschenken
an eine zwitschernde Lerche
einen Freudensprung machen
himmelhoch

verweile kleines Glück
du tust so gut

Cornelia Elke Schray

FRAGE

Lieber Pechvogel,
wenn ich dir
das Fenster öffne,
ein kleines bisschen
oder mehr,
weil du wieder mal bereits
quer über den Frühstückstisch
geflattert bist
und Stück für Stück
meine blütenweiße
Morgenlaune zerkrümelst,
könntest du dann bitte
das Weite suchen –
oder was auch immer.

Isabella Schneider

GUTE AUSSICHT AN TRÜBEN TAGEN

schieb die dunklen Wolken fort
und setz dein schönstes Lächeln auf
dann geh zu deinem Lieblingsort
und nimm dich dort vergnüglich
auf den Arm und siehe
die Aussicht auf den Tag ist gut

Eva-Maria Leiber

DER REGENWETTERENGEL

Der Regenwetterengel lässt uns den Regen anders erfahren. Manchmal belohnt er uns nach einem kräftigen Schauer sogar mit einem Regenbogen.

Es gibt Menschen, die ihre seelische Verfassung vom Wetter abhängig machen. Aber nicht immer scheint die Sonne. Und wetterwendisch ist nicht nur der launische Monat April. Regen kann einen jederzeit und überall überraschen.

Als ich in Hongkong Vorträge hielt, wollten mir die Veranstalter die Stadt von oben zeigen. Wir fuhren mit der alten Zahnradbahn auf einen Berg, von dem aus man eine wunderbare Aussicht auf die Stadt mit ihren vielen Hochhäusern hat, und von wo aus sich der Blick auf die Umgebung der Stadt, auf den Hafen und das gegenüberliegende Festland weitet. Wir dachten, oben sei alles frei. Doch es war regnerisches Wetter. Und als wir oben ankamen, sah man nichts als Nebel. Kein Hochhaus war sichtbar. Die ganze Stadt war im dichten grauen Schleier verschwunden. Doch wir haben uns die gute Laune nicht verderben lassen. Wir haben einen guten Cappuccino getrunken und haben uns gut miteinander unterhalten. Manche sind in solchen Situationen enttäuscht und sauer. Sie haben einen Ausflug geplant, aber der Regen hat ihnen einen Strich durch die Rechnung gemacht. Entweder lassen sie den Ausflug ins Wasser fallen, oder sie schimpfen beim Ausflug ständig über das schlechte Wetter.

Statt zu schimpfen, täten sie besser daran, auf den

Regenwetterengel an ihrer Seite zu achten. Der würde ihnen keineswegs nur rational begründen, dass der Regen der Natur guttut, dass das trockene Land schon lange auf den Regen gewartet hat.

Denn solche Begründungen überzeugen uns nicht, wenn wir im Regen stehen. Der Regenwetterengel begegnet uns anders. Er zeigt uns die Schönheit des Regens. Er macht uns deutlich, dass es eine eigene Qualität hat, im Regen zu wandern. Und wenn wir das wahrnehmen, dann können wir es auch genießen.

Es gibt kein schlechtes Wetter, sondern nur falsche Kleidung, sagt man. Wir brauchen, wenn es regnet, gute Schirme und eine wasserdichte Kleidung. Im Gebirge bin ich mit meinen Geschwistern oft und gerne im Regen gewandert. Das hatte seinen ganz besonderen Reiz. Denn durch den Regen beginnt die Landschaft intensiv zu riechen. Es ist ein erfrischender Duft, der uns da auf einmal umgibt. Und wenn es heftig regnet, haben wir das Gefühl, dass der Regen nicht nur die Atmosphäre reinigt, sondern auch unsern Leib und unsern Geist.

Der Regenwetterengel spricht also nicht über den Regen, sondern er lässt uns den Regen anders erfahren. Wenn wir freundlich mit ihm umgehen, dann belohnt er uns manchmal nach einem kräftigen Schauer sogar mit einem Regenbogen.

Anselm Grün

BEI SCHMUDDELWETTER:

Unterm Regen durchschlüpfen,
dem Schnupfen die Nase drehen,
auf dem Windgeländer balancieren,
den Nebel durchschauen,
dem Trübsinn etwas husten.
In der Wolkensänfte liegend
die Gedanken ausstrecken
nach dem nächsten Sonnenstrahl.

Und die Gänsehaut?
Einfach weglächeln!

Angelika Wolff

Man soll die Dinge nicht so tragisch nehmen, wie sie sind

Karl Valentin

WIR PFEIFEN AUF DEN REGEN

Wie ein begossener Pudel
stehst du vor mir
im Regen
ich lad dich ein
komm unter meinen
sonnengelben Schirm
wir pfeifen
auf den Regen

Gabriela Paydl

DAS GEHEIMNIS DER NASENBÄREN

Einst hatt' ein kleiner Nasenbär
sich in Berlin verlaufen
Nicht einen Euro hatt' er mehr
sich Currywurst zu kaufen

Von Durst und Hunger arg geplagt
mit Tränen im Gesicht
so ist er dennoch nicht verzagt
Denn: Nasenbärn verzagen nicht

Drum mach es wie der Nasenbär
Lass dich nicht unterkriegen
Egal wie schwarz der Tag sich gibt
er wird dich nicht besiegen!

Doris Bewernitz

WETTERFEST

winddicht
und regendicht
trage ich dich
wie einen mantel
der vor allen stürmen schützt
und die ganze welt
wärmer sein lässt.

Maria Sassin

AUS EINEM BRIEF

Lieber Himmel!

Ich habe jetzt
aus allen Pfützen
die Käfer gerettet
und Regenwürmer
sowie Schnecken
über die Straße gebracht,
damit ihnen nichts passiert.

Kann morgen bitte wieder
die Sonne scheinen?

Sehnsüchtige Grüße,
dein Mensch.

P.S.: Wenn möglich,
mit einem Regenbogen
zwischendurch.

Cornelia Elke Schray

HEUTE

heute
ist mir jeder hoffnungsschimmer
ein götterfunke
und der regenbogen
leuchtende brücke zur wahrheit
jeder flügelschlag einer möwe
ein hauch von vollkommenheit
und lachen
die beste medizin
heute
ist mir das leben
ein blauschwebender traum

Carola Vahldiek

ANSICHTSSACHE

DASS ICH NICHT LACHE!,
sagt die Bosheit schnippisch.
DAS IST JA LACHHAFT!,
merkt die Überheblichkeit an.
WIE LÄCHERLICH!,
entgegnet der Neid.
LACHEN IST NICHTS ALS
SINNLOSES ZÄHNEFLETSCHEN,
versichert die Vernunft.
LACHEN IST AFFEKTIERTES GETUE,
SELBSTDARSTELLUNG UND REINE
ZEITVERSCHWENDUNG,
höhnt der Sarkasmus.
LACHEN IST DUMM UND
BESCHLEUNIGT DIE FALTENBILDUNG,
spottet die Ironie.
LACHEN IST ZUGLEICH MASKE UND WAFFE,
gibt die Vorsicht zu bedenken.
LACHEN IST GESUND UND SYMPATHISCH,
bemerken Medizin und Humor.
LACHEN IST, WENN DIE SEELE MIT EINER
PORTION WITZ UND FREUDE
GEKITZELT WIRD,
sagt die Liebe,
UND IMMER AUCH EIN STÜCKCHEN
HOFFNUNG UND ERLÖSUNG!

Angelika Wolff

TANZLIED FÜR TROTZIGE

Zieh die schweren Schuhe aus
so kannst du nicht springen
Hol die Geiger in dein Haus
fange an zu singen

Wirf die Sorgen weit hinaus
fort die dicke Jacke
Heute ist ein Freudentag
glühen soll die Backe

Rosenpracht und Tausendschön
sollen um dich sprießen
Heut muss ich dich tanzen sehn
und das Leben küssen

Kraft hast du, das weiß ich doch
grad wie tausend Zwerge
Schwing die Flügel, hebe dich
über finstre Berge

Musikanten spielen dir
dass die Finger krachen
Und wenn ich nach Hause geh
hör ich laut dein Lachen

Doris Bewernitz

JAMMERN HILFT NICHT!

Eines Morgens im Sommer erwachte der Igel und hatte schlechte Laune. Missmutig kroch er unter dem Reisighaufen hervor, unter dem er seit einigen Tagen Quartier bezogen hatte. Merkwürdig, gestern Nacht, als er Beute suchend durch den Garten gewandert war und der Mond rund und klar am Himmel gestanden hatte, war seine Laune noch ganz prächtig gewesen – besonders, nachdem er einige unvorsichtige Nacktschnecken aufgespürt hatte! Der weiße Rosenbusch hatte köstlich geduftet, die mit Wasser gefüllte, steinerne Vogeltränke hatte seinen Durst gelöscht, sogar der aufdringliche rote Kater war in dieser Nacht dem Garten fern geblieben. Alles ganz wunderbar also!

Der Igel überlegte und überlegte. Aber er konnte sich beim besten Willen nicht erinnern, wo seine gute Laune geblieben war.

‚Vielleicht habe ich sie unterwegs verloren', schlussfolgerte er. ‚Was man verloren hat, kann man suchen!'

Forschend blickte er umher und machte sich auf, um seine gute Laune wiederzufinden. Als er ein paar Schritte gegangen war, begegnete ihm der Zitronenfalter, der schon eifrig die Blumen besuchte, um Nektar zu sammeln. „He, Süßmäulchen", sagte der Igel. Ich habe meine gute Laune verloren. Vielleicht ist sie dir begegnet?" Der Schmetterling rollte seinen Saugrüssel ein, was sehr elegant aussah, kam herbeigeflattert und wisperte mit feinem Stimmchen: „Deine gute Laune?

Wie sieht sie denn aus?“ „Hmh“, der Igel machte ein verblüfftes Gesicht, aber eine passende Antwort wollte ihm nicht einfallen!
Der Zitronenfalter wurde ungeduldig. „Wenn du selbst nicht weißt, wie deine schlechte Laune aussieht, wie willst du sie dann jemals wiederfinden? Ach ja, und sage mir bitte dies: Wie ist deine Laune jetzt, in diesem Moment?“ Dies zu beantworten, fiel dem Igel leicht. „Sie ist schlecht, grottenschlecht“, sagte er. „Ich habe richtig miese Laune!“
„Finde heraus, warum das so ist“, sagte der Schmetterling nicht unfreundlich. „Ich muss noch ein paar Dutzend Blumen besuchen, dann komme ich zurück und erwarte deine Antwort!“ Mit diesen Worten flog er davon.
Der Igel setzte sich unter ein Rhabarberblatt und begann, über Aussehen und Grund seiner schlechten Laune nachzudenken. ‚Die Erde ist heute so feucht, sie macht meine Pfoten schmutzig‘, fiel ihm als erstes ein. ‚Die Morgensonne sticht mir in die Augen. Der Zaunkönig singt so laut, dass mir die Ohren schmerzen. Die Waldbeeren, die ich so gerne nasche, sind hart und grün. Viele Flöhe und Zecken piesacken mich. Auch die Ameisen lauern mir auf, um mich zu beißen. Und eben bin ich mit den Stacheln in einem Spinnennetz hängengeblieben.‘
Je mehr der Igel nachdachte, desto mehr Ärgerlichkeiten fielen ihm ein. Seine schlechte Laune nahm Gestalt an, wurde zusehends düsterer.
Zuletzt war er sich ganz sicher, das bemitleidenswerteste Geschöpf des Gartens zu sein!

Da kam der Schmetterling zurück. Noch bevor der Igel sein langatmiges Lamento anfangen konnte, begann das zart beflügelte Wesen aufgeregt zu erzählen:
„Hast du bemerkt, Igel, wie die Pflanzen den Morgentau schlürfen und wie wunderschön die Tautropfen auf der feuchten Erde glänzen? Wie die Blumen ihre Gesichter der Sonne entgegen strecken, die sie mit ihren Strahlen liebkost? Was für ein farbenprächtiges Bild! Und höre doch, wie sich die Vögel über den neuen Tag freuen! Ist das nicht wunderbar? Die Sommerwärme bringt alles vom Blühen zum Reifen. Jedes Tier hier im Garten wird heute satt werden, da habe ich gar keine Bedenken!“
Der Igel blinzelte. „Nun ja“, sagte er, sich räuspernd. „Das mag alles richtig sein! Aber da sind noch die Flöhe, die Zecken und die frechen Ameisen!“
„Ach, Igel“, erwiderte der Zitronenfalter tadelnd, „die Fetzen deiner schlechten Laune hängen so zäh wie dieser Spinnenschleier über dir. Zeit, ihn endlich abzuschütteln und nicht länger so übellaunig und miesepetrig zu sein! Gegen das Zwicken und Zwacken nimm ein Bad in der Vogeltränke. Und wenn dir die Ameisen zwischen den Stacheln herumkrabbeln, dann hab keine Angst! Vielleicht wollen sie dich nur kitzeln!“
Bei den letzten Worten des Schmetterlings kam ein kleines Lüftchen auf.

Rosenduft durchwehte den Garten, der Igel hielt schnuppernd die Nase in die Luft und seine schlechte Laune? Komisch, die war mit einem Mal wie weggeblasen!

Angelika Wolff

LEICHTER LEBEN

Meine Bedenken
in alle Winde zerstreuen,
den Freudenteppich auslegen
und darauf lustwandeln.

Öfter mit meinem Engel tanzen,
singen, laut singen,
die Vergangenheit umarmen
und ruhen lassen.

Die Zukunft beschnuppern,
Besitzfesseln lösen,
Sehnsuchtswasser trinken
und Seelenbrot essen.

Mit dem Lichtbesen
die Schatten auskehren,
meinem guten Stern folgen
und der Stimme meines Herzens.

Nicht gelebt werden,
sondern selber leben,
leichter, friedlicher, mutiger
und glücklicher!

Angelika Wolff

WINDIGER TAG

Die Sonne lacht,
der Wetterhahn kräht,
wer hat denn den lustigen
Wind hier gesät?
Er treibt bunte Blätter
und mich vor sich her,
die Sorgen von gestern
find ich auch nicht mehr.

Ich werfe die Nöte
von heut‘ noch dazu,
der Wind nimmt sie gerne.
Ich hab meine Ruh.

Carola Vahldiek

Humor ist der Knopf, der verhindert,
dass uns der Kragen platzt.

Joachim Ringelnatz

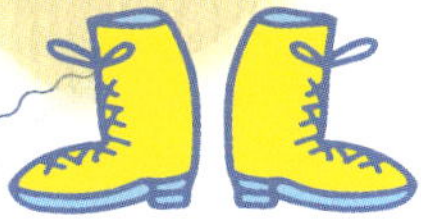

WIE DAMALS

Springe mitten in die Pfütze,
geh im Winter ohne Mütze,
schaukle hoch in Himmelsbläue,
dass sich alles in dir freue.

Puste bunte Seifenblasen,
zähle Blümchen auf dem Rasen,
staune viel,
hab Lust am Singen!
Lächelnd soll es dir gelingen.

Dass sich alles in dir freue
heute,
morgen,
stets aufs Neue,
dieses ist mein Wunsch für dich,
findest du das wunderlich?

Angelika Wolff

WUNDERBARER SORGENSCHWUND

Dein großer, dicker Sorgenelefant
ist geschrumpft, Grund unbekannt.
Ist jetzt klein wie zwei, drei Mücken,
lästig zwar, doch nicht mehr drückend.
Bald wird er ganz verschwunden sein:
Mensch, freu dich – übe glücklich sein!

Angelika Wolff

SONNENSTRAHLENRITT

Einen Sonnenstrahl einfangen
das Licht ins Herz lassen

im wilden Galopp
vom Winter
bis in den Frühling
reiten

Lebenslustig
weht meine Seele
im Wind

Cornelia Elke Schray

LEBENSLICHT

Sonne
von deiner Stärke geweckt
öffne ich dir ein Fenster
umarme deine Strahlen

Wieder so ein Tag
wie geschaffen dafür

im Licht zu stehen

Cornelia Elke Schray

ABSCHIEDS-ZAUBERSPRUCH

Zauber Zauber Fidibus
dreimal schwarze Katze
wenn der Abschied kommen muss
zeig ihm eine Fratze
lach ihm mitten ins Gesicht
du wirst sehn das mag er nicht
macht sich gleich ganz dünn und klein
wird ein rosa Streichelschwein
oder eine gelbe Maus
und die nimmst du mit nach Haus

Zauber Zauber Fidibus
dreimal schwarze Katze
wenn der Abschied kommen muss
spuck ihm auf die Glatze
wächst ihm gleich ein Blumentopf
mitten auf den blanken Kopf
Tausendschön Vergissmeinnicht
alle Blumen nur für dich
pflückst dir einen großen Strauß
nimmst ihn mit nach Haus

Zauber Zauber Fidibus
dreimal schwarze Katze
gib mir einen Abschiedskuss
denn er ist am Platze
freu dich über unsre Zeit
freu dich deiner Traurigkeit
denn soweit in Schmerz und Leid
unsre Herzen beben
sind wir noch am Leben

Doris Bewernitz

Ein Optimist hat nicht
weniger oft Unrecht
als der Pessimist, doch
er lebt froher.

Charlie Rivel

Mit Texten von:
Doris Bewernitz: S. 19, 24, 36f © bei der Autorin. **Anselm Grün**: S. 15f, aus: Ders., Der Stressengel und andere himmlische Boten im Alltag, © Verlag Herder GmbH, Freiburg im Breisgau 2012, S. 87f. **Eva-Maria Leiber**: S. 13 © bei der Autorin. **Gabriela Paydl**: S. 18 © bei der Autorin. **Maria Sassin**: S. 9, 20 © bei der Autorin. **Isabella Schneider**: S. 12 © bei der Autorin. **Cornelia Elke Schray**: S. 5, 10, 11, 21, 33, 34 © bei der Autorin. **Carola Vahldiek**: S. 22, 29 © bei der Autorin (www.lichtgedicht.de). **Angelika Wolff**: S. 6, 7, 16, 23, 25ff, 28, 31, 32 © bei der Autorin.

Zur Künstlerin:
In Bayreuth geboren, lebt **Monika Pellkofer-Grießhammer** heute im fränkischen Ahorntal. Sie hat in Wiesbaden Kommunikationsdesign studiert und war Atelierleiterin in einem Werbestudio. Seit 1995 ist sie selbstständig als freischaffende Künstlerin und Illustratorin. Mit ihren Arbeiten ist sie seit vielen Jahren auf zahlreichen Ausstellungen im In- und Ausland vertreten.
Mehr Informationen finden Sie unter www.pellkofer-griesshammer.de

Mit Fotos von:
twystydigi/fotolia (Umschlag, S. 30), **Daniel Fuhr**/fotolia (S. 4), **Sandra Cunningham**/fotolia (S. 7), **jolopes**/fotolia (S. 8), **Maya Kruchancova**/fotolia (S. 10), **tunedin**/fotolia (S. 15), **famveldman**/fotolia (S. 16), **bulashenko**/fotolia (S. 18), **FamVeld**/shutterstock (S. 21), **FWStudio**/shutterstock (S. 22), **Matej Moderc**/iStock (S. 24), **Africa Studio**/fotolia (S. 34, 37), **Lodimup**/fotolia (S. 38/39).

ISBN 978-3-86917-487-7

Im Alten Rathaus/Hauptstraße 37
D-79427 Eschbach/Markgräflerland

www.verlag-am-eschbach.de

Gestaltung, Satz und Repro: Monika Pellkofer-Grießhammer, Ahorntal
Schriftvorlagen: Ulli Wunsch, Wehr
Herstellung: Firmengruppe APPL, Wemding

Manufakt

Dieser Baum steht für umweltschonende Ressourcenverwendung, individuelle Handarbeit und sorgfältige Herstellung.